利用记忆在课堂上建立深入和持久的学习

记忆教学法

[英] 佩普斯 · 麦克雷 著
Peps Mccrea

LEVERAGING MEMORY TO BUILD DEEP AND DURABLE LEARNING IN THE CLASSROOM

MEMORABLE TEACHING

中国青年出版社

图书在版编目（CIP）数据

记忆教学法：利用记忆在课堂上建立深入和持久的学习 /（英）佩普斯·麦克雷著；刘白玉，付佳丽译.
—北京：中国青年出版社，2023.9
书名原文：Memorable Teaching: Leveraging Memory to Build Deep and Durable Learning in the Classroom
ISBN 978-7-5153-7009-5

Ⅰ.①记… Ⅱ.①佩… ②刘… ③付… Ⅲ.①课堂教学－教学法 Ⅳ.①G424.21

中国国家版本馆CIP数据核字（2023）第139624号

记忆教学法：
利用记忆在课堂上建立深入和持久的学习

作　　者：［英］佩普斯·麦克雷
译　　者：刘白玉　付佳丽
责任编辑：肖妩嫔
文字编辑：侯雯洁
美术编辑：杜雨萃
出　　版：中国青年出版社
发　　行：北京中青文文化传媒有限公司
电　　话：010-65511272 / 65516873
公司网址：www.cyb.com.cn
购书网址：zqwts.tmall.com
印　　刷：大厂回族自治县益利印刷有限公司
版　　次：2023年9月第1版
印　　次：2023年9月第1次印刷
开　　本：787mm × 1092mm　1/16
字　　数：55千字
印　　张：9.5
京权图字：01-2022-6539
书　　号：ISBN 978-7-5153-7009-5
定　　价：49.00元

谨以此书献给：

梅米，马伦，和所有其他富有远见的人！

目录 Contents

第二幕　记忆教学法的 9 个原则

关于引导

第三幕　记忆教学法的 9 个原则

关于增强

致读者的一封信

亲爱的读者：

谢谢你选择阅读本书。我希望，在某种程度上，这本书将影响你如何看待你的工作、如何理解你的工作，以及如何开展你的工作。

我对帮助教育工作者提高教学水平充满激情，也渴望“记忆教学法”能为教育界做出有益的贡献。

如果你对改进这本书有任何建议，无论是对我提出的观点还是用词的选择，请务必与我联系。我真的很想听到你的建议。

佩普斯

开端

记忆教学法的基石

基本概念

1

为什么采用记忆教学法?

如果不理解人类的认知结构，教学就是盲目的。

——斯韦勒

记忆能够巩固学习。那么，教师作为学生学习的推动者，为什么很少关注到这一点?

有一部分原因是“记忆法”在教育界的名声历来不好。多年来，只要一提到记忆法，人们就会联想到死记硬背和做练习题或死读书等不受欢迎的学习方法，甚至人们视其为趣味学习和人文学习的天敌。

鉴于此，我们一直忽视了一种可行性，即围绕记忆来有效地搭建一种易懂且通用的语言。这就导致我们对“记忆法”的作用及其在课堂上所扮演的角色缺乏充分的认识。

对于教师这样和学习关系紧密的职业来说，这是一种奇怪的现象。但是，现在情况开始有所改变。

记忆科学的兴起

在过去十年左右的时间里，我们看到，越来越多的与记忆相关的文献著作以通俗易懂的形式出版，比如像《为什么学生不喜欢上学？》这类关于学习和记忆科学的教育类畅销书。

这种成果，再加上循证教育或循证教学的运动的盛行，自然创造出这样一种情境：在这种工作机制下产生的许多教学理念正越来越多地进入英国和其他国家的学校和课堂。

这些正在探索的理念有些是合情合理的，而有些则非常反直觉。所有这些见解都有可能照亮我们的教学实践，促使我们反思：我们教学的目的是什么?

我们将从这些见解中获益良多。其中一些见解，可以说是在我们当前的教育时代里最容易实现的目标。然而，尽管它们前景大好，令人欢欣鼓舞，但能在日常教学中推行的形式可能还不够。

对于教育工作者来说，教学这门技艺的复杂性要求教师能依据一个有条理的框架，并要求该框架能围绕着我们日常教学实践中的决策进行有效组织。这个框架对所有教师（尽管不同教师的经验不同）都富有意义，并且可以灵活应用，以满足各种教学环境的需求。

简而言之，我们需要可拓展的教学实践模型。这正是我撰写本书的目的。

为什么采用记忆教学法？

这本书是我作为教师多年实践经验的总结，是我帮助成千上万的教师理解他们的教学实践、提高他们的教学水平的成果。

本书试图将有关记忆教学法的最佳的可用证据联系起来，形成一套连贯的行为准则，以提高教师们对课堂教学的理解和影响力。

这不是一本关于死记硬背或记忆技巧的书，也不是一本把你和你的学生变成没有生命的机器人的书。

这本书是为了建立深刻、强大和持久的理解力而创作的。阅读本书，让你的学生更加自信和独立，让你更富有见地、高效地投身教学工作。

乘胜追击

和大多数书一样，你投入的越多，得到的也就越多。这本书是一个极端例子。如果你不据此采取行动，那么你几乎不会有任何改变。

为了帮助教师达到最佳效果，我尽量让自己的写作保持简明扼要。如果有必要，我也会适当举一些具体的教学案例（往往是在数学教学背景下）来说明，并引用一些教育佳作来补充。

我承认，提供与更大范围的上下文相关的实例最佳，但我还没有找到一种类似的简洁方法。

本书特意设置了延伸阅读的板块，如果你对个别观点颇有兴趣，那么你可以根据提示，更加深入地挖掘你所感兴趣的话题。

本书的主要篇幅围绕“记忆教学法”的9个原则进行组织。为了确保这些主题的影响力最大化，我们首先需要建立一些关于记忆的基本假设：记忆的主要组成部分以及这些部分是如何相互作用的。

这就是我们接下来要讲的。请系好“安全带”，让我们快速地参观一下记忆结构。

延伸阅读区

1. 对于教师为什么很少关注记忆的问题，如果你想了解更多，可阅读约翰 · 哈蒂（John Hattie）的著作《可见的学习与学习科学》。

2. 关于练习，乔 · 柯比（Joe Kirby）持不同观点，他认为练习可以激发学生的学习动力，你可以进入他的个人网站阅读《练习与刺激》（*Drill and Thrill*）这篇博文。

2

记忆结构

如果我们不理解某件事，就无法控制它。如果我们无法控制它，就无法改善它。

——哈林顿

从教育的视角看，思考记忆最有效的方法是把记忆看作是一个由两个相互作用的部分组成的系统[①]：长期记忆（Long-Term Memory，LTM）和工作记忆（Working Memory，WM）。

① 记忆结构要比这个复杂得多，但对于达到教学目的，此模型已经足矣。——作者注

长期记忆和工作记忆相互协同，负责我们在课堂上发生的几乎所有有目的的学习。因此，花点时间了解它们是如何运作的是非常值得的。

长期记忆是我们对世界的思考模型。这多少有点像一幅地图。一幅我们自己构建的地图，用来帮助我们理解和驾驭周围的环境[①]。

长期记忆代表我们所知道的、我们是谁，并告诉我们如何行动。

我们的长期记忆由信念、理解、思维模式、技能、性格和事实组成。虽然这些东西可能感觉大不相同，但是出于本书撰写的目的，我们将把它们简单地看作是不同类型的知识。

这些知识不是一成不变的。由于我们的思维与环境的互动，

---

① 长期记忆似乎比“地图隐喻”所暗示的内容更丰富。——作者注

知识也随之在不断地进化和递减。我们的长期记忆更像森林而不是图书馆。

强大的长期记忆

生活就是一种持续的发力，提升我们对世界的思考模型，并努力让这些模型更强大。更强大的模型意味着更成功的行动。更成功的行动又能创造出更好的生活机会。这就是学习的目的，也是学校存在的原因。

作为教师，我们的工作就是通过帮助学生开发更强大的长期记忆，提高他们获得美好生活的机会。

我们长期记忆的强大力量是两个要素相互作用的结果：

1. 深度。深度指的是我们的知识结构的良好程度。我们的长期记忆越全面、越有条理，在生活中的表现就越好。

说到记忆结构，我们应力求有深度。

2. 持久。持久指的是这些知识结构在我们的大脑里留存时间的长短。我们的知识结构越容易获得，就越有用[①]。说到记忆结构，我们也需要持久性。

作为教师，我们的工作就是帮助学生建立深刻而持久的长期记忆，建立持久的理解力（见图2.1）。

但我们究竟该如何做到这一点呢？要回答这个问题，我们需要转向记忆结构的另一个部分：工作记忆。

---

① 这里说的是记忆中存储和检索之间的相互作用，检索记忆能够增加记忆的存储强度，但增加的效果会衰减。——作者注

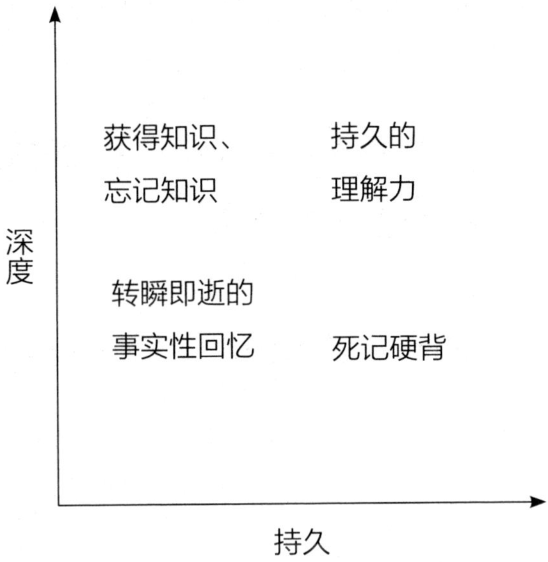

图2.1　长期记忆的维度

编写记忆

如果说长期记忆是世界地图，那么工作记忆就是我们的画笔。

工作记忆是我们构建现实思维模式的工具，是我们构建长期记忆的过程。工作记忆是一个促进这三者相互作用的工具[①]：

1. **注意力。**我们选择什么作为进一步思考的重点。

2. **短期记忆。**我们把这些重点暂时记在心里。

3. **细化。**我们试图将这些重点理解清楚，借鉴我们本来的长期记忆，并将修正好的长期记忆作为最终的结果。

---

① 工作记忆更可能是长期记忆的一个子流程，而不是独立的部分。——作者注

在长期记忆的背景下，我们的工作记忆执行这些流程的方式，决定了我们能学到什么。有时这种学习很强大，有时很不起眼。对这个过程了解得越多，我们就越能在教学中更好地利用它。

马太效应

如果说长期记忆相当于知识，那么工作记忆就相当于思维。我们的思维越活跃，知道的就越多。我们知道的越多，思维就越活跃。

工作记忆和长期记忆之间的这种特殊关系是教育的反应引擎。这就是所谓的马太效应[①]，而我们作为教师的工作就是好好

---

① 一种强者愈强、弱者愈弱的现象，广泛应用于社会心理学、教育、金融以及科学领域。——编者注

利用这种效应，帮助学生催化出更多有效的学习。

这本书的目标是教会你把自己的教学变成促进学生更好学习的强有力的催化剂。帮助我们实现这一目标所用的工具，是一套以记忆为导向的9个教学原则。是时候打开这个工具箱，让我们看看里面都有什么。

延伸阅读区

1. 关于存储记忆和检索记忆，可阅读罗伯特·A. 比约克（Robert A. Bjork）的论文《搁置新理论对记忆中存取作用的概述》（*New Theory of Disuse for an Overview of the Role of Access in Remembering*），以了解更多。

2. 关于工作记忆更可能是长期记忆的一个子流程这一观点，请参阅纳尔逊·考恩（Nelson Cowan）提出的嵌套加工模型，以了解更多。

3. 关于马太效应，如需了解更多，可阅读丹尼尔·里格尼（Daniel Rigney）的作品《贫与富：马太效应》。

3

9个原则

记忆是思考的残余物。

——丹尼尔·威林厄姆，

《为什么学生不喜欢上学？》

我们的教学目标是帮助学生构建强大的长期记忆。实现这一目标的最直接方式是利用工作记忆。

优秀教师不仅能管理学生在课堂上的行为，而且还能管理学生的思想。因为学生所思所想过的就是他们最终所学到的。

在后文，我会提供一套可操作的原则，这些原则对教师管理学生的思考大有助益。这就是“记忆教学法”的9个原则（见图3.1）。

每个原则的确定都有参考依据，它们都建立在迄今为止经实践证明的记忆模型之上，这些模型能为教学实践提供更多的见解和启发：

- 原则1—4——控制：列出了一套利用工作记忆的策略。
- 原则5—7——引导：探讨了教师如何教学生利用工作记忆构建强大的长期记忆。
- 原则8—9——增强：概述了扩大前7个原则影响力的方法。

重要的是，我们要认识到这9个原则是围绕着一个简化的记忆和学习模型组织的。事实上，我们在课堂上的真实情况要比模

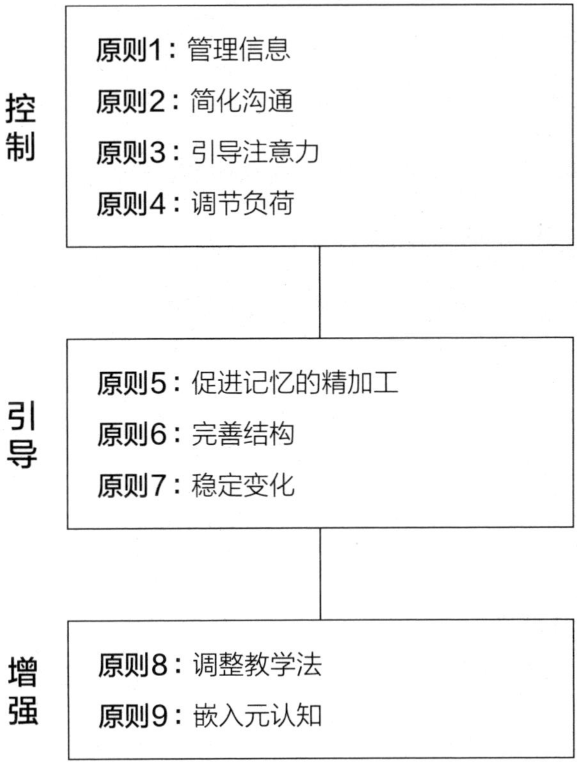

图3.1　记忆教学法的9个原则

型更加复杂，更加充满不确定性。即便如此，我们还是要从某个地方开始。

这9个原则将为你的教学实践提供一个与众不同的、更加深入的思考框架。这些原则不是你必须遵循的蓝图，而是在你特定的教学背景下，你开始进行实验的起点。

穿上你的白大褂，让我们开始实验吧。

第一幕

记忆教学法的9个原则

关于控制

4

原则1：管理信息

宇宙中有太多的信息。我们只能保留那些将来最有可能被证明有用的信息。

——巴斯特·本森（Buster Benson）

学校是一个信息非常丰富的地方。我们的课堂充满了数据。

信息会以多种形式存在。表面上，信息以文字和图像的形式存在。信息存在于人们的言行中。在课堂上，信息存在于我们的日常惯例和文化中。我们身处一个信息大爆炸的年代，所有信息都在争夺我们的注意力。面对如今日益严峻的信息过载、信息意义不明确的问题，我们需要教会学生筛选信息。

筛选这些信息需要专业知识和精力，以确定我们接下来的思考重点。我们一直在努力了解周围的环境，这样我们才能判断出在哪里投入注意力最佳。

消除干扰

从教育的角度来看，任何能让学生更贴近学习意图的信息都是可取的。其他一切都属于分心。

作为教师，我们的工作就是管理可提取的理想信息，尽量减少干扰信息。教学是一场零和游戏。如果信息没有给学习带来益处，那么就会给学习带来坏处。

教师可以在课堂上帮助学生识别信息，找到哪些信息对学生是有益的，哪些信息会对学生造成干扰。

当然，我们不能摆脱全部的多余信息，我们也不想这样做。但是，可供我们消除的多余信息也有很多种。

接下来，我会从三个角度出发，为你提供一些考虑消除冗余信息的线索。

阅读提示

- 物理环境
- 社会环境
- 学习任务和活动

物理环境

- **展示物。**除非它们使用频繁或需要马上使用，否则这些挂在教室墙上的信息海报或学生作业会分散注意力。可以把这类展示物遮盖起来，等必要时再展示出来。

- **钟表。**挂置在教室正前方的、一眼就能看见的钟表，很容易打断学生的思路。如果你准备在教室里布置一个钟表，（和展示物一样）把它挂在教室的后面吧。

- **音乐。**当音乐能抵消其他更大的干扰的时候，它就能帮助学生更好地进行思考。我们可以灵活地播放带有氛围感的音乐，帮助学生在嘈杂的环境中集中注意力。必要时，也可以让学生戴上降噪耳机。

这些干扰之所以存在，是因为它们在某些情形下能给我们提供价值。然而，我们必须格外小心，不要仅仅因为它们在课堂上能为学生增加价值就为其存在进行辩护。在评估学习信息的整体价值时，我们还必须考虑它们消耗的价值。

社会环境

对社会信息的监管尤其困难，因为它是学校里许多学习发生的媒介。然而，教师们如果能对课堂的日常惯例进行微调，那么就可以让学生在比较理想的思考中获得巨大的收获。

- **意外打断。**解释和讨论的重要关头很容易被站在门口的学生或老师打断。打断会减慢学习速度，增加错误。建立一种尊重学习的文化，鼓励访客等待一个合适的时机，或只有在你允许的示意下才进入教室。

- **通知信息。**智能手机的提示音是吸走注意力的超级磁铁。把手机放在视线之外，并且不要使用响铃和振动模式。尽可能使用专用计算器而不是手机。
- **教师自身。**许多教师倾向于对学生的思维进行不利的干扰，即使是出于好意。当学生在做作业时，尽量减少课堂讲评和其他分散学生注意力的行为。

学习任务和活动

多余的信息不仅仅存在于周边环境中。各种各样的学习体验本身也会让学生分心。

- **学习材料中的冗余信息。**在授课幻灯片和学习单中保留多余的文本或花里胡哨的图片，或者在解释中保留不必要的词语，这些都是对学生注意力十分具有诱惑力的做法。请删除剪贴画元素，保持材料简洁。

- **实际生活的背景。**将问题置于现实生活中会增加学生额外的心理负担。只有当这种方法能帮助学生更好地理解学习材料时，或者当它是授课效果的一部分时才使用它。

- **不必要的复杂性。**在游戏或海报中嵌入学习似乎是一个很有吸引力的选择，但学生最终会把学习的时间耗费在思考游戏规则或笔的颜色选择上。保持简单，选择最短路径。

在我们的教室里，数字连接工具越来越普遍，这就导致了信息管理比以往任何时候都更具有挑战性。

让学生在做作业时上网，就好比在教室的天花板上悬挂了20台电视，然后告诉学生别看电视。只要学生知道电视在哪里，就足够分散他们的注意力了。

技术可以带来巨大的好处，但缺点也总如影随形。在评估教室中使用的数字工具的成本和收益时，需要格外谨慎。

消除干扰是一种解放型的实践活动，可以让学生腾出更多的时间来思考我们希望他们思考的问题。那么，教师的挑战就变成了：我们如何充分利用剩下的时间和信息？

要回答这个问题，我们必须把注意力转向简化沟通。

幕间小话

选择最短路径

教学的目的是找到从A（缺乏知识和理解）到B（长期持久的知识和理解）的最短路径。评估教学效果的主要标准应该是"让我如何快速到达那里？"道格·莱莫夫认为高效率的教师应该让直接指令成为课堂的常规内容，也应该使用互动策略让学生参与其中。

延伸阅读区

1. 关于信息过载的更多信息，可阅读巴斯特 · 本森整理的认知偏误列表（Cognitive Bias Cheat Sheet）。

2. 关于“选择最短路径”，可阅读道格 · 莱莫夫的《像冠军一样教学2.0》中的技巧19“双重规划：为学生在每个时间点的表现做好准备”。

控制

原则1：管理信息

原则2：简化沟通

原则3：引导注意力

原则4：调节负荷

引导

原则5：促进记忆的精加工

原则6：完善结构

原则7：稳定变化

增强

原则8：调整教学法

原则9：嵌入元认知

扪心自问

下次备课或设计活动时，你不妨扪心自问：

你的教室里有什么信息？哪些信息是有益的？哪些信息会增加干扰？

你的授课经常被打断吗？你会如何与学生或者同事约定？

5

原则2：简化沟通

智者说话是因为他们有话要说。

——柏拉图

教学是一个需要很多交流的过程。每节课，大量的信息都以各种形式往返于教与学的交流中。我们表达信息的方式（通过言语、文本、图表等），以及我们展示信息的清晰度对学生的思维有很大的影响。

师生的交流方式会影响学生能学到的东西。

教师应学会优化模态

模态指的是我们用来交流信息的工具。比如言语、文本、图表、图像、视频和手势。

每一种模态都有其独特的优点和缺点。为了使教师在课堂上的影响力最大化，我们需要理解这些模态的可供性（affordance），并利用它们为给定的情况选择最佳模式（或组合）。

各种模态的线性度、可用性和灵活性各不相同：

- **线性度。**文本和言语是传达意义的有效工具，尤其是抽象概念。然而，它们是以一种明显的线性方式进行的。图表可以同时显示多个元素，并且能够更好地说明各个元素之间的关系，以及在整体上下文之间如何匹配[①]。

① 在学习新知识时，简单的图表比复杂的图表更好。——作者注

- **可用性。**言语是转瞬即逝的。言语要求学生在听的同时把信息记在脑子里，并尝试理解他人正在说的话。相反，文本和图表是持续可用的，学生可以以学习者的节奏自行进行处理，而不必按照演讲者的节奏。作为教师，如果你需要讲很长一段时间，你可以考虑设置停顿，让学生做笔记，慢慢理解你的讲话。
- **灵活性。**言语能够通过节奏和语调等手段传递额外信息。与文本或图表相比，言语的传递成本更低，也更容易让学生适应。然而，文本和图表通常更精确，因为它们可以提前仔细准备。

任何信息的有效性都取决于它是否被有效接受。优化模态就是在学生知道或者不知道的情况下，考虑信息交流时所使用的最佳媒介。

优化模态不应该与根据学生的学习风格或偏好来选择学习模式相混淆。在学习方式上，人类的相似之处大于不同，以这种方式给学生贴标签的行为应该受到限制。

幕间小话

该不该因材施教?

每个人都能理解学生之间的差异，教师们应该对此做些什么呢？一种常见的方法基于学生的认知风格的差异，也就是说，如果教师将教学方法与孩子喜欢的认知风格相匹配，那么孩子的学习就会更容易。但是，至今没有人给出关于验证此方法有效的充分证据。认知心理学家丹尼尔·威林厄姆认为，在因材施教这件事情上，实践知识胜过科学知识。教师应该清楚地知晓，即便是科学研究专家也不能准确地确定出学生的类别，以及最适合这类学生的教学方法。教师应该基于自己与每个学生相处的经验，以不同的方式对待学生，并对有效的方法留心观察。

关于多模态

人类的工作记忆有一个特点，即某些模式的组合对学习特别有效。

我们能够同时处理言语和图表，在任何时候，我们都能加倍有效地处理信息[①]。需要特别指出的是，这个方法并不适用于言语和文本。

这就是为什么在课堂上的视觉交流是最有效的交流方式之一，而大声朗读演讲笔记却适得其反。

① 也被称为双重编码理论或模态效应。——作者注

扪心自问

吾日三省吾身，请时常扪心自问：

在我的课堂上，哪些部分最好使用言语表达？哪些部分最好使用文本、图表或视频？手势能起到什么作用呢？

沟通的清晰度

为学生选择学习模式只是简化沟通的一部分。我们还必须设法增加沟通的清晰度。

如果说模态是关于我们为学生展示学习信息的方式，那么清晰度就是关于我们的学生如何更容易地获得这些信息。可以通过简洁和清晰这两种指标来实现其功能。

- **简洁。**你用多少文字和图像来表达你的观点。
- **清晰。**你的字迹是否清晰可见，或者你的言语和图画是否明白易懂。

为了改善沟通的简洁性，我们必须首先明了我们在试图传达什么样的想法。然后问自己，我们如何从简洁的要求切入，为学生提供他们能够掌握的学习信息。

为了增加交流的清晰度，我们需要养成从学生的角度来看待教学的习惯，并考虑以下方面：

- **节奏**。教师说话的速度或者显示文本的速度。
- **字体**。显示文本时使用的字号和样式。
- **对比**。色彩和光线的运用，突出重点和连接元素。
- **加标**。使用符号或者箭头，将语言描述与描述的对象连接起来。

教育界有很多方法可以进一步研究模态和清晰度，但最重要的一步是我们要意识到它们在实践教学中的重要地位。这样，我们才能够更谨慎地在与学生交流的时候使用它们。

扪心自问

吾日三省吾身，请时常扪心自问：

从清晰度的视角，我需要说什么、写什么或画什么，让学生能够掌握?

延伸阅读区

1. 如需要深入了解关于打破学生学习风格的标签，可阅读保罗·科施纳（Paul Kirschner）的文章《停止传播学习风格的神话》（*Stop Propagating the Learning Styles Myth*）。

2. 如需深入了解教学中的手势，可阅读约翰·哈蒂的《可见的学习与学习科学》。

3. 如需深入了解加标的话题，可阅读露丝·科尔文·克拉克（Ruth Colvin Clark）等人的著作《学习效率》（*Efficiency in Learning*）。

控制

原则1：管理信息

原则2：简化沟通

原则3：引导注意力

原则4：调节负荷

引导

原则5：促进记忆的精加工

原则6：完善结构

原则7：稳定变化

增强

原则8：调整教学法

原则9：嵌入元认知

6

原则3：引导注意力

> 记忆是个疯婆子，她囤积斑斓的破布，却扔掉食物。
>
> ——奥马利

注意力决定我们下一步的思考对象。它相当于工作记忆的守门人，是课堂的最终目标。

注意力的不断发展，让我们得以生存，从而获得成功人生[①]。

① 这是从进化的角度看适应性记忆结构。——作者注

通常情况下，人类会将注意力先放在眼前的威胁和回报上，我们都喜欢着重关注那些不寻常又离奇的事物，同时自动地过滤掉一切看起来没有附加价值的东西。

注意力极其特殊，单靠课堂学习并不能完全发挥其最佳效果。如果任由学生自行发展，他们的注意力可能无法一直专注在那些能帮助他们获得最大进步的事情上。

对信息的可用性和可获得性进行管理在一定程度上能缓解这种情况，但是如果我们真的想提高对学生所学内容的可预见性，那么我们还必须积极引导他们的注意力。

精准引导

5英镑（或5美元）的纸钞我们都看过无数次，但如果让你将它的样子重现出来，那恐怕会有困难。现在请想一下这些纸钞的样子，然后对照真实的纸钞看看和你的想法是否有出入。

因为我们往往会忽略纸钞的外观特征，而专注于我们自认为重要的地方，这就是过滤视觉干扰。在这种情形下，你只会注意到这张纸钞的面值是多少。

无论何时，我们所能关注的信息量都会受到严重限制[①]，而最终我们将注意力集中于何处，是由五花八门的个人动机决定的。

如果想把控学生的学习内容，就必须主动明确地指出他们应

① 多任务工作就像神话不切实际。事实上只是任务间的转换（其效率很低），因此在课堂上我们应尽可能避免为学生设计该类活动。——作者注

该学习什么。我们不仅要引导学生的注意力，还必须进行精准引导。

幕间小话

吸引注意力要慎重

要把握好课堂开始的时刻培养学生对学习内容的兴趣，在课程进行到一半的时候，需要一点戏剧性的表演来吸引学生，把他们已经走失的注意力再拉回来。比如说，在给学生演示科学实验的时候，孩子们最终记住的是演示的酷炫还是产生该现象的原理。所以，你要好好思考，如何在吸引学生注意力和设计意图之间建立联系，学生可以理解这种联系吗？他们能把引起其注意力的兴奋点抛到一边继续学习吗？如果没有，那教师有没有办法改变吸引学生注意力的方式？比如先向学生解释基本原理，并促使学生预测可能发生的情况后，再为学生演示“金属物沸腾”的实验。

设定压力法

教师可以依靠三大中心机制，帮助学生引导注意力：过滤机制、跟随机制和反应机制。

- **过滤机制。**有时关注到某样东西或某件事是因为我们一直在寻找那个东西或思考那件事。比如，我们买了一辆新的红色轿车，之后我们在路上就更容易注意到红色的汽车（因为我们的眼睛会过滤掉其他颜色的汽车）。
- **跟随机制。**有时我们会在他人的引导下去关注某个物体。比如，婴儿不满一岁就学会了让自己的视线追踪他人眼睛注视的方向。
- **反应机制。**我们的注意力会随着外界的刺激而迅速转移，比如听到蜜蜂的嗡嗡声或气球爆炸声。

因此，若要快速转移学生注意力的集中点，借助外界刺激会很有用。我们可以通过拍手、吹口哨或摇铃等方式来激起这种反应。

但要进行更准确的引导，借助过滤机制和强调机制，加之简单的设定压力法，效果会更好。

1. 信息过滤：提前明确地告知学生，他们要寻找什么或者你要向他们展示什么。

2. 信息强调：高亮显示或着重强调要求学生关注的具体内容。

强调信息的方式包括：

- **动作示意：**打手势、目光注视或用教棍将学生的注意力聚焦到图像、图表或文本的某一个具体的部分。
- **语音强调：**通过停顿或声调的变化来强调听觉信息的

具体内容。

- **高亮显示：**使用斜体、粗体、下划线或颜色标记将学生注意力吸引到文本的选定部分。

向内引导

这些策略有助于引导学生注意周遭环境的信息。但有时候我们也需要引导学生将其注意力转向他们自身，去关注他们自己的长期记忆。

由于操作过程的不可视，这一方法稍微有点复杂，但教师又习惯用之来引导学生的注意力。

引导学生将其注意力转向自身的最简单方法是提出问题。若有人问“你今天早上吃了什么？”，我们的注意力会立即转向与其相关的长期记忆。因为你很难不去思考这个问题。

当问及“你为什么吃早餐？”时，你的注意力就又会被引向完全不同的思考点。因此，我们在课堂上提出的问题能准确把控学生的所思所想。

本章所概述的策略可能看似浅显，但将其运用到日常教学工作中不仅可以提高学生进步的可能性，甚至还能缩小他们之间的成绩差距。

控制

- **原则1：**管理信息
- **原则2：**简化沟通
- **原则3：引导注意力**
- **原则4：**调节负荷

引导

- **原则5：**促进记忆的精加工
- **原则6：**完善结构
- **原则7：**稳定变化

增强

- **原则8：**调整教学法
- **原则9：**嵌入元认知

7

原则4：调节负荷

学识从何而来——即认真思考之后。

——科埃

我们的工作记忆是一种高维护机制。当可加工的信息资源太少时，它就会开始搜寻更有吸引力的储备信息。但当加工的信息太多时，它又会撂挑子不干[①]。

教师要去平衡其中的微妙，这种平衡可以说是至关重要的。

① 本观点以认知心理学家约翰·斯威勒提出的认知负荷理论为依据。——作者注

优化课堂教学中的影响因素不仅需要调控学生的思考内容，还要把控其思考的难度。我们需要对学生的认知负荷进行调节。

工作记忆的系统设定值过载

通常情况下，工作记忆默认一次只能处理两到三个交互元素。超过这个数量，它的工作效能会开始迅速下降[①]。

而教育的前提是让规则本身具有挑战。我们不断给学生找他们本来就不熟悉的材料、布置他们目前还无法完成的任务。在我们的教学实践中，这种工作记忆超负荷的风险一直存在。

这一风险会因教师自身对教学材料相对熟悉而加剧。丰富的教学经验会带来盲目认知，容易让我们低估任务的复杂程度，从

① 乔治·米勒最初提出了著名的7±2法则，即我们处理信息能力的一些限制，但这只适用于最基本的情况（例如进行随机数字回忆）。——作者注

而高估学生所能承受的认知负荷。共情缺口由此产生，且难以弥合。

而事实上，教师的这种既定做法会使学生的思维超负荷，这并不利于我们教学工作的开展。

感受工作记忆负荷

在头脑中试着完成下列乘法运算：

- 5 × 5
- 25 × 5
- 75 × 75
- 1111 × 1111

由于试图在头脑中同时掌握和处理多条信息，大多数人会在运算过程中的某个时刻开始犯难。

这种感觉就接近（甚至可能超过）工作记忆超负荷。

如果能把运算过程写下来，或者灵活运用乘法口诀，就可以减少工作记忆负荷。前者减少了我们需要在大脑中记住的信息量，而后者则减少了需要处理的信息数量。

幕间小话

尊重学生的认知局限

当你试图为学生开发有效的智力挑战时，要考虑到学生工作记忆的有限性。工作记忆超负荷可能由以下事情引起：多步指令、一连串毫无关联的事实、两步到多步的逻辑链，将刚学过的较难概念应用到新材料中。

过载因素

学生的认知负荷，不仅取决于他们要处理的交互元素数量，还取决于他们对相关内容的知识掌握程度，以及对学习环境的熟悉程度。

教师可以通过调整以下过载因素来改变学生的工作记忆所需。

- **复杂性。**要同时考虑到因素数量及其交互方式。
- **依赖度。**该任务对学生的已知知识和技能储备的依赖程度如何。
- **自主性。**需要学生自主思考的任务量。
- **通晓度。**学生识别及操作活动或任务的轻松程度。

我会在后文探讨四种调节负荷的策略，每种策略都不同程度地改变着这些过载因素。

核心策略

- 分解法
- 循环结构法
- 外包法
- 长期记忆替代法

分解法

我们可以帮助学生将繁重的学习任务分解成多个能够逐个击破的较小单元，每次只让学生解决难题的一个小小的部分，从而降低整个学习任务的复杂性。

等到学生逐渐熟悉每个部分后，再增加交互元素的数量，让他们同时思考这些元素。

学生从早期训练和多次成功中获得的经验，既可以提高他们处理难度更大的材料的能力，也能给他们带来动力，而这种动力对学习来说至关重要。

循环结构法

布置结构新颖的学习任务会给学生的工作记忆造成额外负担。只有在理想化的思考模式下，这种任务才符合学习者个体所能承受的认知负荷。

循环利用学生熟悉的任务结构，同时在课堂上帮助学生多形成一些惯例，能够有效改善上述情况[①]。

这种方法尤其适用于那些主观自尊心较低的学生。可预测的知识结构可以增加师生间的信任感，这也就为进一步提升他们学习的期待值创造了空间。

① 大卫 · 韦斯（David Wees）在教学惯例（instructional routines）方面有过很多研究。——作者注

外包法

有时现实条件不允许我们降低任务的复杂性。在这种情况下，我们可以通过外包工作记忆里的短期记忆组块来减少负荷。

外包法要求学生将实时信息存储到工作区域，而不是把信息记在头脑里。做法如下：

- **保留示例。**将例题或相关信息的板书留在黑板上，给学生预留足够的消化时间，不要一个劲儿往后讲或是擦掉。
- **捕捉灵感。**课堂讨论时，随时将学生迸发出的想法写到黑板上。
- **信息分流。**鼓励学生在每个学习阶段稍作停顿，写下自己的阶段性学习成果。

教室里的工作区域越多，外包学生的短期记忆组块就越容易进行。让学生在课桌上写字，在教室内墙上安装额外的白板，以拓展可用的工作空间。

长期记忆替代法

学习任务带来的认知负荷在很大程度上取决于该学生的相关先验知识。例如，将乘法口诀表背得滚瓜烂熟，熟记于心意味着可以把更多的工作记忆投入到解决更高阶的数学问题上。

但出于各种原因，很多时候学生并不具备相关必要知识。

在这些情况下，我们可以暂时通过长期记忆替代工作记忆来缓解认知超负荷。但效果取决于具体现实环境，示例如下：

- **思维工具。**数轴、乘法口诀表、计算器。
- **信息指南。**任务说明书、写作大纲、范例模型。

但有一点很重要，即认识到用长期记忆替代工作记忆只是一种短期策略。随着时间的推移，必须让学生摆脱对外界工具的依赖，帮助他们积累和巩固必要知识。

深度持久的长期记忆让学生能够自信独立地完成任务。但更重要的是，它减少了工作记忆的负担，让学生能够把脑力花在最有挑战的材料上。

高效教学侧重于积累知识，这不仅是为了帮助学生更好地思考，也是为了让他们在未来学到更多。

前4个原则概述了如何控制学生的思维。接下来我们将探讨将这种思维引导到何处才能令其发挥到极致，以追求最佳的深度和持久度。

延伸阅读区

1. 卡尔·亨德里克（Carl Hendrick）多次谈到落地式白板（floor-to-ceiling whiteboard walls）教学，你可以寻找这类书籍和文章来看。

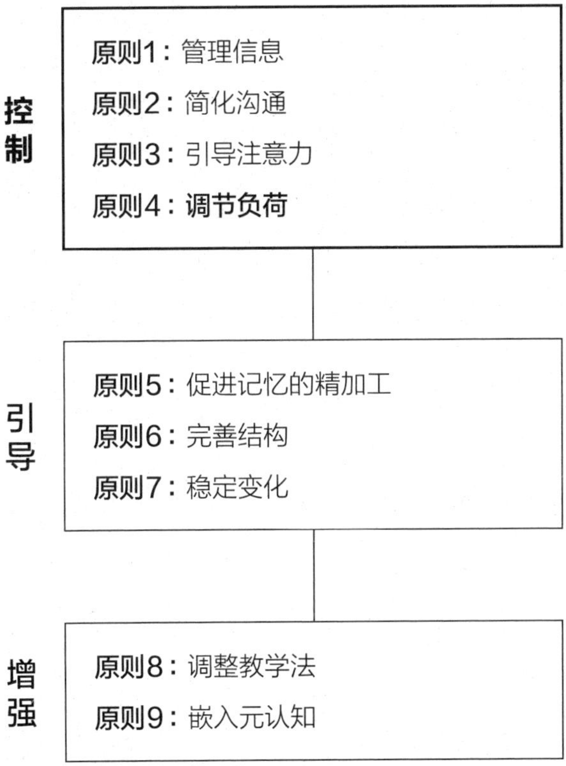
控制
原则1：管理信息
原则2：简化沟通
原则3：引导注意力
原则4：调节负荷
引导
原则5：促进记忆的精加工
原则6：完善结构
原则7：稳定变化
增强
原则8：调整教学法
原则9：嵌入元认知

第二幕

记忆教学法的9个原则

关于引导

8

原则5：促进记忆的精加工

科学建立在事实之上，正如房子是用石头砌起来的。但事实的集合并不是一门科学，就像一堆石头并不是一座房子一样。

——庞加莱

工作记忆借助长期记忆来理解我们身边的世界，长此以往逐渐转化为长期记忆。

该过程称作记忆的精加工，这一方法能够提供一个有效的参照系，指导教师去引导学生的思维。

记忆的精加工解释了为什么学生的学习受限于他们的认知，为什么引导学生要结合他们所处的水平，以及为什么要循序渐进地提高他们的理解。它还解释了为什么了解学生的认知情况是教师最好的投资手段。

我会在后文探讨三大教学技巧，每个技巧都可以帮助我们促进记忆的精细加工。

核心技巧

- 课前热身
- 学习信息共享
- 利用记忆术

课前热身

我们所能学到的东西往往受限于我们自身的认知。或者更确切地说，获取相关知识的轻松程度受限于我们的自身认知。

在探讨一个新话题之前，教师可以通过激活或预热学生的长期记忆的相关区域来提高其学习效率。这个过程就是课前热身。

课前热身有点像绘画的打底色的工作。我们处理好表面，就能让涂料的着色性更强。启动长期记忆的方法包括：

1. **课前温故。**进行记忆精加工之前需帮助学生再回顾必要的知识。学习材料不要太有挑战性，因为我们的目标只是让学生重新激活相关知识。

2. **课前组织。**提前列出新概念或新话题的总体框架。

课前温故是很多班级的惯例。通常在一节课刚开始时，教师会让学生开始温习，比如完成一个小测验、做一个简明扼要的概述，或简单要求他们自由回忆某个知识点，以检测掌握程度。

相比之下，课前组织并不太常见。我们可能会使用到的技巧包括：

- **放眼全局**。在范围广泛的学科或主题下，把要学习的内容放在合适的位置。
- **知识预组织**。为学生系统地提供即将学习的新主题的所有知识点，也称作知识大纲（Knowledge Organiser），这一概念由乔·柯比（Joe Kirby）在其博客上首次提出。
- **结构关联性**。探究我们为什么要学习这些知识。
- **框架相似性**。预习新课时，结合先前所学内容，尤其是新旧知识的相似之处。例如，在探讨圆的面积与其周长之间的关系之前，帮助学生重温矩形的面积与其周长之间的关系。

学习信息共享[①]

如果说课前热身是为新课学习建立有效的先决条件，那么信息共享就是为学习提供最佳起点。

实现学习信息共享需要将新知识和已有知识牢牢结合起来。由此，那些知识不仅更容易掌握，其初始关联性也能得到增强。

以下是学习信息共享的途径：

1. **推导。**结合现有知识，通过逻辑推导得出新结论。例如，我们知道如何计算矩形面积，结合其与三角形的关系，便可推断出三角形的面积计算公式。

2. **类比。**以学生熟知的概念为切入点，构建一个新的心理模型。例如，计算等式方程时，用一杆秤来类比等式，

① 原文为tethering（网络共享），我在此使用该词旨在希望教师能重视新旧知识之间的关联性。——作者注

帮助学生理解两边如何达到平衡。

3. 建模。将概念以最具象的形式呈现给学生，在此基础上逐渐展现其抽象性。例如，在学习x^3的概念前，先探究立方体的体积（最好向学生展示实体的立方体模型）。

在知识学习的早期阶段，信息共享十分适合帮助学生快速取得进步。但若使用不当，便会阻碍学习。

比如，从定义上看，类比法只是用来引出某一概念的手段，两者间只是近似。一旦学生掌握了基本概念，就要强调类比本身存在的局限，这一点很重要。

同理，时机恰当时，要停止呈现具体形式，否则学生对抽象概念的理解就会受到限制（甚至会使工作记忆超负荷）。

利用记忆术

学习信息共享并非适用于所有情况。某些概念和学生已知知识之间没有太多有意义的联系[①]。因此，我们需要另寻他法来帮助学生记住这些不相关联的概念。

一个方法是围绕这些概念建立联系。这种人为建立的联系框架就是我们所说的记忆术（也称助记法）。

以下是记忆术的使用技巧：

- **押韵记忆法。**将孤立的信息编成歌曲或诗歌，记忆起来会更容易。越有节奏、越独特或越烦人，效果就越好。
- **字母记忆法。**用不同的字母组成词来提示自己，例如：

① 在《可见的学习与学习科学》一书中，约翰·哈蒂认为无关联性的知识中只有20%过了一天后仍能回忆起来。——作者注

学生可以抽取单词首字母组成新的单词，如用BIDMAS[①]来帮助回忆数学运算的顺序，或者用“I Value Xylophone Like Cows Dig Milk”[②]来记忆罗马数字符号。甚至可以用这种方法来记忆数字字符串，比如，借助“How I wish I could calculate pi”中的单词长度来记忆圆周率3.141592[③]。

- **故事记忆法。**我们的大脑很擅长处理叙事形式的信息。所以你会发现故事往往更加容易理解和记忆。

---

① 该缩写代表在混合运算中的计算顺序法则：先乘方（I：Indice），然后算乘（M：Multiply）除（D：Divide），再算加（A：Add）减（S：Subtract），有括号的要先算括号（B：Bracket）里面的。——编者注

② 该句英文中每个单词的首字母，分别与罗马数字对应，即I是1，V是5，X是10，L是50，C是100，D是500，M是1000。——编者注

③ 该句英文单词的字母数量分别为3、1、4、1、5、9、2，与圆周率3.141592对应。——编者注

助记法可以帮助学生提高长期记忆的持久性，但由于记忆对象之间缺乏有意义的联系，因而对增加理解的深度帮助不大。因此，我们最好将其视作详细记忆的辅助手段，而不是替代品。

幕间小话

常用的助记法

记忆法	作用原理	示例
字钩法（peg word）	用同韵词记住一系列单词，例如，1是面包（英文单词“one”与“bun”的发音接近，下同），2是鞋，3是树，等等。然后，通过视觉图像将新材料与参照物联系起来，记忆新材料	要学习“收音机、贝壳、护士”这组词，你可能会想象一个夹在面包里的收音机，一只放在海滩上的鞋，里面装着海螺，还有一棵树上结满护士帽
位置记忆法（loci）	记住熟悉的散步路线上的一系列地点，例如，你家的后门廊，一棵垂死的梨树，家门口的砾石车道，等等。然后再将你要记忆的新材料放到路过的每一站	要学习“收音机、贝壳、护士”这组词，你可能会想象一台收音机挂在你家后门廊的栏杆上，有人将贝壳磨成肥料帮助垂死的树恢复活力，一个护士正铲起砾石倾倒在你的车道上

续表

记忆法	作用原理	示例
连接法	以某种方式把每个项目连接起来	要学习“收音机、贝壳、护士”这组词，你可以想象一个护士在全神贯注地听收音机，同时脚上穿着大海螺贝壳，而不是鞋子
唱歌法	想一个熟悉的曲调，你可以把单词编进歌词里，唱出来	要学习“收音机、贝壳、护士”这组词，你可以用“祝你生日快乐”的曲调唱出来

延伸阅读区

1. 对于课前热身，激活相关知识，如需了解更多，可阅读博迪尔·伊萨克森（Bodil Isaksen）的课堂中需要“无新内容，只有复习回顾”（Nothing New, Just Review）部分。

2. 如需了解更多的助记法，请参阅约翰·哈蒂《可见的学习与学习科学》一书中的“记忆术：作为运动、艺术和教学的工具”，以及丹尼尔·威林厄姆在《为什么学生不喜欢上学？》一书中第3章提到的“常用助记法”。

3. 如需了解更多“故事记忆法”的内容，可阅读丹尼尔·威林厄姆的文章《故事的特权地位》（*The Privileged Status of Story*）。

控制

原则1： 管理信息

原则2： 简化沟通

原则3： 引导注意力

原则4： 调节负荷

引导

原则5：促进记忆的精加工

原则6： 完善结构

原则7： 稳定变化

增强

原则8： 调整教学法

原则9： 嵌入元认知

9

原则6：完善结构

理解的过程并不是一道一次就能轻松跨过的门槛，而需要知识的日积月累和重组。

——格雷格·阿什曼（Greg Ashman）

就像搭建实体建筑一样，对事物的理解过程也并非一蹴而就。这个过程必须逐步进行，每次只构建一部分。

在建筑物的建造过程中，我们常常需要复杂的工作计划，但我们理解知识的过程则与之不同。我们必须建立理解框架，而且只能靠两眼一抹黑的摸索来寻找类似结构。

每当初次接触一个新概念时，我们并不总能清晰知晓这一概念会在哪里结束，也不清楚其应用语境的起点在哪里。因此，概念的背景信息和概念本身会一起存储在我们的长期记忆之中。

这在一定程度上解释了为什么学生很难在不同场景中灵活运用各种概念，以及为什么到了科学实验室，数学对学生来说就变得很难。

精加工是个特殊、渐进和重复的过程。在学习初期，长期记忆通常表现为：

- **模糊。**它只形成部分，与相似概念间没有明显区别。
- **单一。**它结构简单，与相关概念之间的联系较少。
- **浅薄。**它紧密依赖于特定语境，不易灵活运用于不同的情况。

掌握新概念只是学习过程的一小部分。但正是这些概念的不断完善，才使得学生获得动力并深化学习。

作为教师，我们的工作不仅在于传播新见解、新思想，还要帮助学生理解和反复记忆这些思想，直至它们形成抽象而复杂的思维模式，学生们能够自信而独立地将其运用。

我会在后文探讨两种策略，每种策略都能帮助学生改善长期记忆。

核心策略

- 变式法
- 定义法

变式法

所思即所学。然而，我们的感知能力往往会限制思维能力。一旦感知到某物，我们就能将其从特定情景中分离或抽象出来。它的概念在我们头脑中就不会那么模糊、浅薄。

教师可以通过吸引学生的注意力、帮助学生理解或辨别概念、从多个方面定义概念这三种方式，来完善他们的长期记忆。

如何做到这一点？教师可以向学生展示一系列对比鲜明的例子和经验，其中，某些方面发生变化，而其他方面则保持不变。

我们称之为变式，这不仅有助于将概念从特定场景中抽离出来，还使其具有更强的可转移性。变式促进概念的抽象化和普遍化。正因如此，在追求深度长期记忆的过程中，变式法能成为一种有力的工具。

例如，如果想帮助学生更好地理解三角形的概念，我们可以从确立概念的定义（defining）和定义之外（non-defining）的相关方面入手：

- **定义方面。**三条边，直边，封闭图形。
- **定义之外的相关方面。**边长，角的相似度，方向。

接下来，可以向学生展示一些标准示例和非标准示例（即非三角形的图形），以引起他们对不同之处的注意，并说明一个图形在保持三角形的同时可以发生多大的变化（见图9.1）。

展示非标准示例是这一过程的重要组成部分。它能使概念的边界变得清晰完善。在变式中，差异和相似性同等重要。

感知差异并不容易，特别是当涉及更微妙的变化时，相应的理解就要更精确。因此，教师要把多个例子放在一起并排比较，这样学生更容易发现其中的差异。

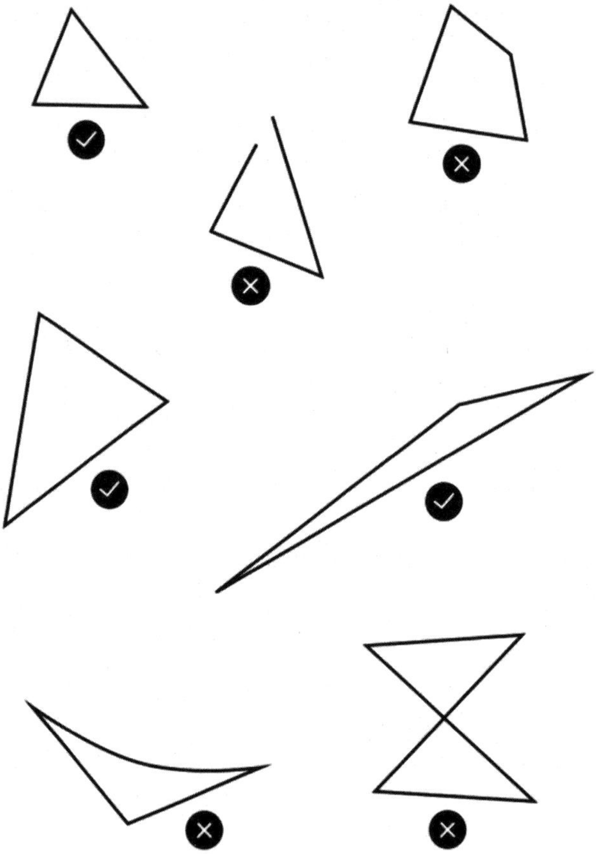

图9.1　概念性变式

变式中的变化

前文提到的三角形案例只说明了利用变式的方法之一。根据所学的科目和学习动机，我们可以运用的方法包括：

1. 概念性变式。通过举标准示例和非标准示例来完善对某一特定概念的理解（见图9.1）。

2. 关联性变式。解释说明一个变量的改变会如何影响另一个变量，以得出其中的因果关系或关联性。

3. 情景变式。让学生在大量应用题中对概念有更完整、更全面的理解。

4. 语境变式。感受概念及其在不同形式或环境下的应用，以逐渐培养学生抽象理解的能力。

此外，重要的是要记住，变式是为了让学生注意到概念的细微之处。但只有把变化控制在最小限度内才可以达到这种效果。如果我们一次改变太多东西，变式法很快就失效了。

与相似概念作区分

在通常情况下，当学生首次接触一个新概念时，他们不仅会将该概念与所处语境的其他信息混淆，也会将其与课程中探讨的其他相似的概念混淆。

例如，如果教师在教学中同时讲解面积和周长的概念，那么在学生的长期记忆中这两种概念的要点可能就会重叠。

当问及如何计算矩形的面积时，在这种教学方式下，学生通常会说："把两个边相乘或相加，但我忘了是哪两个边。"

因此，我们要在介绍概念之初就将所授概念和与其相似的概念区分开来，帮助学生对概念的特性和意义有更清晰、更确切的理解。

一旦掌握清晰的概念，教师就可以把这些相似的概念放在一起比较，向学生强调两种概念之间的区别，帮助他们探索其间的关系，以进一步地增强理解。

变式是赋予概念意义的有力工具。但它并不总能精确地、轻松地捕捉到其中的意义。我们需要从迭代转向定义。

要实现这一点，我们需要花时间思考如何简明而全面地定义这一概念。

扪心自问

吾日三省吾身，请时常扪心自问：

我如何用语言为学生描述概念和组织概念？如何在不跳出学科领域框架的情况下，将其与相似概念相联系？

定义法

- **清楚表达。**鼓励学生用准确的语言描述某个概念或流程步骤。例如：总结概括、阐述陌生概念[①]、同学互教。
- **重组。**设置活动，帮助学生对两个相似的概念作出区分。比如使用维恩图、相似点/差异性识别表格、归类法/分类法等。

同时运用变式法和定义法可以生成高度相联、精炼的长期记忆。因此，领悟这两种方法既具有深远意义又简便高效。

拥有这种深度长期记忆，学生就能处于有利位置，但光靠这一点还不够。下一章，我们将讨论的话题转向增强长期记忆所需

① 将同学当成外国人，向他们努力解释某个概念。——作者注

的另一个影响因素：持久性。

幕间小话

难以理解的抽象概念

当我们从记忆中以新的方式收集想法时，理解就会发生。例如，当我们将赛马的结果与温度计上的读数进行比较来理解测量尺度时。抽象概念很难理解，因为我们依赖于记忆中的已知内容来理解新概念，而记忆中的大部分内容都是具体的。我们对新想法的理解最初是浅层的，因为深入的理解需要更多的想法组成部分之间的联系，它只是需要更多的经验，因此需要更多的时间来发展以形成深刻的理解。一旦我们以多种形式处理同一种想法，我们就能意识到它的深层结构——想法的各组成部分之间的功能关系。但在那之前，我们的理解将依附于我们已经看到的例子，知识迁移将是不确定的。

延伸阅读区

1. 如果对于完善结构需要了解更多，请参阅彼得·布朗等人在《认知天性》中对“用搭积木的方法建构知识”的探讨。

控制

原则1：管理信息

原则2：简化沟通

原则3：引导注意力

原则4：调节负荷

引导

原则5：促进记忆的精加工

原则6：完善结构

原则7：稳定变化

增强

原则8：调整教学法

原则9：嵌入元认知

10

原则7：稳定变化

> 文明的进步得益于我们不假思索就能进行的重要操作越来越多。
>
> ——怀特海德

开发深度长期记忆是一项有价值的投资。它帮助学生了解世界，解决遇到的问题。最重要的是，长期记忆能让他们学到更多。

然而，深度长期记忆只有在能提取的情况下才有用。因此，我们需要投入时间和精力让长期记忆易于提取并且能够可持续提取，否则构建深度长期记忆就是在浪费时间。理解依赖于记忆。形成深度需要持久性。

问题在于，我们的大脑已经发展成一种高效的信息处理器，只会保留那些我们自认为最重要的信息。

因此，我们的记忆从形成的那一刻起，便注定会衰退[①]。如果我们试图在同一时间学习多种东西，那么我们记忆衰退的过程就会加速，该过程也被称为倒摄干扰[②]。要知道，学校教育本身就充满困难和挑战。

作为教师，我们必须从这样一个假设出发：如果不刻意帮助学生记忆，他们就会忘记学过的东西。那可以采取的步骤有哪些呢？

---

① 可能是提取记忆的能力在衰退，而不是记忆本身发生了衰退。——作者注

② 是指后来学习的内容对先前学习的内容的干扰。倒摄干扰可能是导致遗忘的一个重要原因。——编者注

提取练习与反复呈现

我们每用到一次记忆，这段记忆就会得到强化，其持久性能也会得到延长。该过程称作记忆的提取，这是我们构建长期记忆持久性的主要过程。

在记忆提取过程中给学生提供的帮助越少，其记忆强化的效果越好。这解释了为什么就相关主题对学生进行提问比再呈现这个主题更有效果。通常，对记忆的提取练习胜过反复呈现。

我们可以通过提出以下类型的问题来进一步优化提取效果：

- **提出可回答的问题。**记忆提取是让学生记住已经掌握的知识，而不是提出新的见解。
- **提出不予帮助的问题。**提出的问题应当尽可能不透露答案信息，所以选择题并不是记忆提取的最佳方法。
- **提出降低风险的问题。**如果学生认为考试结果风险太大，就会产生焦虑，从而影响记忆提取的效果。可以通过不公布成绩和使用“小测试”这样的话术来缓解学生的压力。

- **提出让学生自我服务的问题。**可以让学生采取自己给自己打分或是自我纠正的方法，从而发挥矫枉过正效应[①]。

① 原文为hyper-correction effect，当你发现自己坚定地给出的答案其实是错误答案时，你更能将正确答案牢记于心。——编者注

间隔提取

持久性的产生不仅仅取决于教师指导学生思考什么，也取决于思考发生的时间点。

对一个人来说，提取记忆的最佳时间就是在遗忘发生前。将这种最佳时间点与记忆提取的强化效应相结合，在不断测试和提问下，我们最终就会得到渐进分布的记忆提取间隔模式（见图 10.1）。

这就是所谓的记忆间隔，对于那些想要提高教学效果的教师来说，这是最快速的方法之一。

每个学生的最佳记忆间隔取决于一系列复杂的因素[①]。追求精确的时间安排会使事情的复杂化加剧，所以更务实的做法是在

① 例如，学习型科学家解释了睡眠如何巩固记忆。——作者注

日常教学实践中定期对学生进行测试。

给学生安排零零散散的测试，均从学生学过的范围内出题，可涵盖1周内到6个月内学过的内容。

幕间小话

直面学生会遗忘的现实

有一个关于记忆和遗忘的残酷事实：我们教给学生的很多东西都会被遗忘。在一个理想的世界里，学生们会反复接触某些核心思想，这些思想会一直保持下去。但并不是所有的事情都可以重复，很多事情都会像我的几何知识一样被遗忘。我一直在安慰自己，至少学生们接触到了这些内容，对一些人来说，这可能点燃了兴趣的火焰，他们会自己学习这个科目，即使在学校里没有重复。你对这个问题有什么看法？我们是否应该更担心学生的遗忘？如果是这样，我们该怎么办？

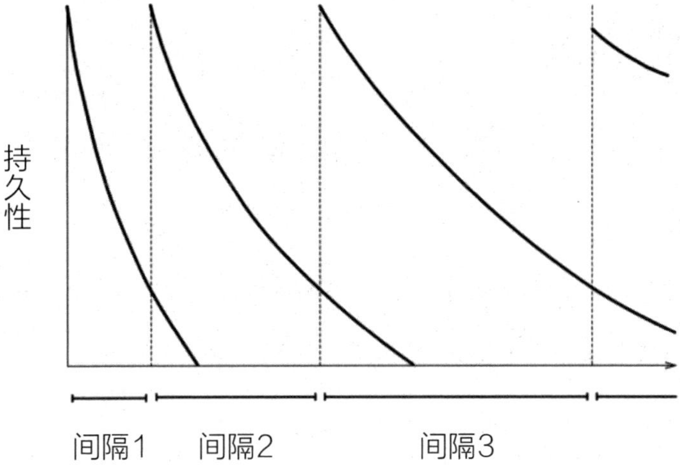

图10.1 最佳提取间隔[①]

① 该图以艾宾浩斯遗忘曲线为依据。——作者注

分散式练习

间隔进行记忆提取主要发生在不同课程之间，但其产生的效果在同一门课内同样适用。

要达到这种效果，教师可以先简单地让学生思考一会儿其他事情，从而为提取记忆创造条件，然后再进行提取。

这个过程称作分散练习，运用这个方法很简单，只要基于先前学过的主题内容，在练习中设置3到4个相关问题即可。

分散练习是对间隔提取记忆的锦上添花，同时这种方法也能提高学生对相关内容记忆的持久性。总之，间隔提取记忆和分散练习是相辅相成的。

自动化

学生所需的记忆提取练习量取决于教师希望达到的持久度。

3—4次平均间隔的提取次数通常足以形成相当持久的记忆。这为解决问题和更深层次的学习提供了一个有效平台，因此很多时候都会取得令人满意的结果。

然而，在某些情况下，教师不仅仅希望学生能获得持久的记忆，有时也想快速又毫不费力地让他们调动记忆，即能够自动地快速提取记忆。

自动化是一种机制，它让我们能够在驾驶过程中完成大量的复杂操作，同时还能收听广播或与其他乘客交谈。

这种机制让我们在阅读过程中可以连续对多个单词进行解码，同时还能关注整个文章语境。

记忆的自动化越高，大脑的认知负荷就越小。大脑负荷越小，我们就能腾出更多的心智空间去学习新的知识。

自动化能够保持极其持久的状态，但需要经过大量的记忆提取练习才能达到。这是一种最好的投资，因为对记忆学科内容而言，自动化的杠杆利用率最高①。

见效迟缓

从长远角度看，运用“完善结构”“稳定变化”这两个原则的确能够促进学生的学习，但在短期内并不会让人觉得那么富有成效，这是教师面临的严峻挑战之一。

比如，每当教师隔一段时间练习一次或改变练习方式时，可能就会发现学生犯的错误较之前更多了，进步也更慢。至此，有

① 这就是为什么计算能力和读写能力在学校里有如此突出的地位。——作者注

时候教师很容易发现这些策略是无效的，教师需要采取更熟悉的练习形式。

但与此同时，教师会忽略组块练习的作用（与间隔式或多样式练习相比），即让学生能够依靠课程的背景信息和先前的提问模式来回答问题、完成任务。

练习就像是一个无形的隔板挡在教师与学生之间，一不小心教师就会分辨不清学生可以解决的问题和学生所学过的知识，对学生所学知识的运用能力也认知模糊。这并不是说课堂上的评估毫无价值，只是教师需要对得出的结论持谨慎态度。

本书的第三幕探讨了教师如何引导思维，帮助学生形成深度持久的记忆。

接下来，我们将注意力转向最后两大原则，这两大原则可以增强教学实践的影响力。

延伸阅读区

1. 关于如何提取中断的遗忘信息，更多详情请参阅《认知天性》。

控制

原则1： 管理信息
原则2： 简化沟通
原则3： 引导注意力
原则4： 调节负荷

引导

原则5： 促进记忆的精加工
原则6： 完善结构
原则7：稳定变化

增强

原则8： 调整教学法
原则9： 嵌入元认知

第三幕

记忆教学法的9个原则

关于增强

11

原则8：调整教学法

说话要说清楚。不经过仔细琢磨不要脱口而出。

——霍姆斯

认知的建构是一个多层次的活动。就像实体建筑的搭建一样，反反复复，需要经过多个阶段：搭建总体框架；将建筑构件组合在一起；装好各种配件；还要融入当地基础设施。

正如建筑物的搭建，不同的学习阶段也需要不同的工具。

有效教学的一部分是为教学工作选择合适的工具。教学法如果不能根据实际情况做调整，那运用得再好也无济于事。就像我们不可能用锤子使劲拧螺栓一样（否则，反而会把螺栓弄坏）。

要想为教学工作选择合适的教学工具，作为教师，我们需要知道我们可以给学生提供哪些可行方案，即要了解各种可能性或可供性[①]。

我们来进一步探讨这个观点。首先我们讨论一下教育界普遍使用的一些教学方法（如演示和练习），教师们为什么要选择这些方法，以及如何使用才能达到最大的效果。

---

① 可供性（affordance）概念是由美国研究视觉感知的生态学家、心理学家詹姆斯·吉布森（James Gibson）在深入研究视觉感知之后最先提出。——作者注

教学演示与练习

在学习的早期阶段，学生力图搭建一个“晾衣架”，这样他们才能把后续新的知识“晾”起来。最初积累的知识（或者说先前知识）决定了他们能否轻松向更全面和更复杂的理解过渡。

在没有任何指导的情况下，由于学生还未掌握新知识的内容，也无从知道自己搞不懂哪些知识，因此单凭自己很难搭建一个有用的“晾衣架”。更有效、更可靠的方法就是仿制别人搭建好的“晾衣架”。这就解释了为什么在建立认知的早期阶段，教师演示能够成为有效的教学手段。

然而，精加工的过程本质上是递增式的，这一性质限制了我们的效仿能力，无法一次复制过于复杂的内容。在这个阶段，简化的基本框架可以发挥最大的效用（这也是类比法成为有效教学工具的原因之一）。

构建和呈现基本框架并不像最初看起来那么容易。作为学科专家（相对而言），教师的认知本质上是复杂的，而且往往相当隐性（他们的专业知识建立在高水平的隐性知识的基础之上）。

优秀的教学演示能够将复杂性简化到一定程度，从而让学生理解，从泛化概念中梳理出本质内容，让隐性内容显性化。

确立大概的框架后，我们就可以有效地关注结构的细微之处。当涉及补充细节并将新的知识与现有的长期记忆整合时，直接让学生练习，可能更合适。

最佳的练习形式不应该是复杂花哨的，而应该是能让学生在做完一系列精选的题目后有所体会的，这样他们就会对知识有深刻准确的理解。此外，在练习过程中还要给学生提供及时的纠正性反馈。

练习题越基础，学生越能把注意力放在细节上，教师就越能够带着明确的目的进行教学。

过渡与循环

在特定的学习阶段，教学演示和练习是强有力的教学工具。然而，学生并不能轻易地从一个阶段跳到下一个阶段。

如果想让教学与学生的需求保持一致，教学演示和练习之间就需要有一个缓慢过渡的衔接过程。做法如下：

- **我一我们一你。**教师先举例示范后，再让学生试着模仿练习，接着教师就可以根据学生的疑惑点再补充一个相似的例子。这可以说是长期以来行之有效的经典教学方法。
- **完成例题。**逐渐降低示例的完整度，以逐步引导学生独立完成。

学习的特殊性质意味着，随着学生断断续续地取得进步，这种过渡的过程很可能跌宕起伏，而并非平稳。

学习的渐进式特征意味着我们最好严格控制“教学演示—练习”的重复次数。次数过多会让学生的大脑超负荷，导致他们的注意力资源消耗殆尽，注意力涣散。

混淆的方法和目的

教育的核心目标之一就是培养人才，他们需要具备批判性分析和解决专业领域内各种问题的能力。

然而，我们必须小心，不要把目的和手段混为一谈。单单依靠解决问题这一动作并不能让人掌握有效解决问题的能力，特别是对处于初步理解阶段的学生来说。正如露西·克里恩（Lucy Crehan）在《聪明国度》（*Cleverlands*）中所言：“我们（教师）通过数学来教授解决问题的方法，而不是通过解决问题来教授数学。我们（教师）通过历史来教授批判性思维，而不是通过批判性思维来教授历史。”

如果没有充分的理解来引导思维，探究式的学习方法很快会导致学生的工作记忆过载，他们会对学习产生沮丧情绪，还可能因此产生与常人不同的认知和错误想法。

幕间小话

为学生建立学习支架

教学法是一个丰富迷人的概念，它不断地被教师们塑造和改进。对教学法的整体理解会指导我们如何教学，如何回应学生。世界上没有两名完全一样的教师，也没有完全一样的学习环境。无论何时，我们都应该反思自己的教学法，尽量兼顾学科知识与对学生的关注。倾听一个孩子的心声，这一点的重要性不容忽视。教师要根据学生当前的表现提供合适的支持，根据学生的进步逐渐减少对他们的支持，思考学生如何才能对自己的学习负责。

延伸阅读区

1. 关于学生在教学演示下梳理出知识本质的观点，大卫·维斯（David Wees）在其个人网站上的文章《让数学思想更明晰》（*Making Mathematical Ideas Explicit*）中也有过类似的表述："当我们在教学中取得逻辑上的飞跃时，学生们必须发挥自己的逻辑来填补知识差距。"

2. 更多关于通过定时反馈来优化学习，可阅读《认知天性》中"知识的'滚雪球'效应"。如果你对过度使用探究式方法会导致学生产生厌学情绪的观点有疑问，那么欢迎你阅读《为什么学生不喜欢上学？》来了解更多。

11 原则 8：调整教学法

控制

- **原则1：** 管理信息
- **原则2：** 简化沟通
- **原则3：** 引导注意力
- **原则4：** 调节负荷

引导

- **原则5：** 促进记忆的精加工
- **原则6：** 完善结构
- **原则7：** 稳定变化

增强

- **原则8：调整教学法**
- **原则9：** 嵌入元认知

12

原则9：嵌入元认知

要改变一个人，必须改变他对自己的认知。

——马斯洛

作为教师，我们的影响力或许意义深远，但同时也大大受限于学生对待学习的态度[①]。即使我们无法直接控制学生的注意力，我们也可以通过帮助学生深度学习来扩大我们的影响范围。

思考你的思想这一过程我们称之为元认知。在课堂环境中，

① 约翰·哈蒂认为学生的影响达到50%，相比之下教师的影响只有30%。——作者注

以下三部分可以让我们从中受益：

1. 元知识。学生对记忆相关的学习原则和策略有了一定的认知。

2. 自我调控。学生清楚自己的学习目标，知道如何朝着目标前进，并且能够及时自我纠正。

3. 校正。学生能够准确评估自己的认知水平。

积累元知识和学习其他知识并无不同。本书提出的学习原则可用来指导这些原则本身。

教师可以通过定期概述教学方法的基本原理来实现这一过程。此举不仅能够建立元认知，还能提高学生的自我认同感，因为他们会逐渐理解为什么要这么做。

总而言之，教师越能揭开学习过程的神秘面纱，学生就越能拥有更多的学习自主权。

自我调控

元认知的第二个方面是自我调控，即监察自身的思维和行动，并在即将偏离轨道时调整方法。

有效的自我调控不仅需要目标清晰，还需要自我认知。换言之，我们需要认清自己内心的想法并付出行动，然后才能做出改变。

当前教育中，注意力认知的发展相对来说还不成熟。然而，“登记法”给我们提供了一个有意思的研究点：

- **触发。**设置一个闹钟，课上每隔15分钟左右响一次。
- **登记。**闹钟每响一次，让学生快速记下他们一直思考的内容，然后让他们再切回到手头的事情上。

培养这种肌肉记忆般的自我意识能力需要花费时间，然而一旦实现，学生就会开始更多地注意到他们正在做的事情，且（假设他们清楚自己的目标）自动进行自我纠正。

久而久之，学生就能花更多的时间思考，而分心的时间就会相应地减少。但最重要的也许在于，他们最终在思想和行动上自主能动性会更强。

校正

思维调控对学生来说固然重要，但要想充分发挥元认知功能的作用，学生还要能够准确地评估自己的认知，任何时候都能判断出自己知道什么、不知道什么。

但这并不是学生天生擅长的事情。若听其自然，往往会高估他们自己的认知水平，低估学习所需的时间。

要改善这一情况，教师可以定期给学生创造条件来校正他们的认知。方法如下：

1. 预估。在回答问题、做小测试或考试前，让学生预估自己能得多少分。

2. 评价。接下来，教师要对学生的成绩进行判分，评分标准必须客观明确。

3. 反思。给学生一个思考空间，让他们对比自己初次预估的分数和最终得分之间的差距，然后反思下次如何做才能更准确地做出判断。

逐步导入

嵌入元认知需要注意两个方面。

首先是思考你的思想需要消耗工作记忆。监督注意力本身也需要投入注意力资源，而“登记法”则会影响思考。

尽管这些最初的“干扰”最终会起到作用，但最好还是逐步导入，且对其进行整合的时候要保持谨慎。

其次，我们必须考虑的另一个因素是自我调控下的自我对话。学生在监督自己的思维时，如果所采用的话术会引起过多的情绪反应，则会阻碍进步。以观察为导向的自我对话胜过以判断为导向的自我对话。

要帮助学生走出困境，教师可以营造环境，培养习惯，即鼓励他们这样问自己“我在思考什么？”“我怎么才能和别人想的不一样？”，而不是“我做得够好吗？”或者“为什么我不能这么做？”

最后，学习本质上就具有情境依赖性，这意味着，上述所有策略只有融入日常课堂活动中才能发挥最大效用，而非将其以独立的“元认知课程”形式拴在一起。

幕间小话

同伴辅导法

让学生结对学习或者进行小组学习，为彼此提供易于理解的支持。同伴辅导学习是学习数学与阅读的结构化方法，每周使用3次，每次25—35分钟。在交互式同伴辅导中，孩子们交替扮演“导师”与“学生”的角色。同伴辅导的共同特点是学生们各自承担一部分教学工作并评价他人的成果。同伴评估包括“导师”根据“学生”的表现提供反馈，可以有诸如加强或纠正学习等各种形式。应思考：同伴辅导法更适合复习或巩固知识，还是传授新知识？该活动是否具有足够的挑战性，让“学生”能够从“导师”那里获益？扮演“导师”的学生会得到什么样的支持呢？如何确保学生间进行高质量的互动？

扪心自问

帮助学生走出困境，我们可以鼓励他们经常这样问自己：

“我在思考什么？”

“我怎么才能和别人想的不一样？”

而不是“我做得够好吗？”

“为什么我不能这么做？”

延伸阅读区

1. 可在英国教育捐赠基金会（EEF）官网上提供的元认知工具箱了解更多。

2. 在《为什么学生不喜欢上学？》中，丹尼尔·威林厄姆提出，如果任由学生自行决定，他们通常只能学到全面学习所需的三分之二的内容。

3. 在《认知天性》一书中，彼得·布朗同样就“学生必须学会做出正确判断”这一观点表达了见解，可参考阅读。

控制

- **原则1：**管理信息
- **原则2：**简化沟通
- **原则3：**引导注意力
- **原则4：**调节负荷

引导

- **原则5：**促进记忆的精加工
- **原则6：**完善结构
- **原则7：**稳定变化

增强

- **原则8：**调整教学法
- **原则9：嵌入元认知**

尾声：长期教学

> 事情是变好了还是变坏了？从短期来看，悲观主义者是对的；从长期来看，乐观主义者是对的。
>
> ——萨佛

记忆教学法简单实用，有助于学生的学习发展。它适用于简单但要不断实践的教学活动，并基于这样一种理念——学习和教学都需要花费时间。

要让记忆教学原则有所成效，教师需要从长远的角度来看待教学实践。

这不是一件容易的事。长期教学需要耐心、信任和一定的毅力。当前，社会工作绩效日益提高，在这种环境下，教师的工作量和紧迫感都是前所未有的。

如果不谨慎对待，这些情况就会影响我们的决定，从而限制我们的教学影响力。因此，作为教师，我们必须准备好投入时间和精力，坚持那些能长期为学生带来最大回报的教学实践。我们必须做好打持久战的准备。

感谢你花时间阅读本书，也感谢你不断努力让自己成为一名更有影响力的老师。这会是一项伟大的长期投资。

致谢

毋庸置疑，部分有思想、有志向的人能够改变世界。事实上，也只有他们才能改变世界。

——米德

一本书在面世前不可能存在于真空之中。对所有帮助《记忆教学法》问世的朋友，我不胜感激：

- 感谢迈克和卡洛斯对哲学研讨会的无私支持。
- 感谢爸爸妈妈、艾米和劳拉的极度热情和坚定支持。
- 感谢克里斯 · 博尔顿（Kris Boulton），格雷姆 · 罗伯逊（Graeme Robertson），乔·LM（Joe LM），马特·本约海（Matt Benyohai），理查德·拉塞尔（Richard Russell），莫·拉达克（Mo Ladak）以及菲利普·琼斯（Philip Jones）的独具慧眼。

• 感谢教学研究部的所有成员，你们让我看到了一支对推动教育发展具有宏图大志的专业团队。

• 同时感谢所有博主对真理的不懈追求。

关于作者

佩普斯·麦克雷是一位屡获大奖的教师、教育家、设计师和作家。

他是英才学院（Ambition Institute）[①]教学设计主任、Steplab的教育总监，也是《精益备课法》和《动机教学法》等书的作者。

佩普斯拥有三个硕士学位，两个小孩，而且擅长跳舞（如果你希望一睹风采，他会很乐意展示自己优美的舞姿）。

---

① 位于英国，是一家致力于向教育工作者提供职业发展培训和认证的机构。